THÈSE

POUR LE DOCTORAT.

L'ACTE PUBLIC SUR LES MATIÈRES CI-APRÈS SERA SOUTENU,

Le Samedi 21 Août 1847, à 8 heures,

PAR **DE SOYRES** (CHRISTOPHE – JOSEPH – CHARLES),

Né à Bordeaux (Gironde), le 15 Mai 1821.

Président : **M. PELLAT**, Professeur.

Suffragants :
M. PERREYVE,
M. BUGNET,
M. BONNIER,
Professeurs.
M. DURANTON,
Suppléant.

Le Candidat répondra, en outre, aux questions qui lui seront faites sur les autres matières de l'enseignement.

PARIS,

IMPRIMERIE DE JULES-JUTEAU ET Cᵉ,

Rùe Saint-Denis, 345.

1847.

A MON PÈRE ET A MA BONNE MÈRE,

RESPECT ET AMOUR ÉTERNELS.

A MON FRÈRE,

MON PREMIER ET MEILLEUR AMI.

A MONSIEUR HERVÉ,

CONSEILLER A LA COUR DE CASSATION, ANCIEN DÉPUTÉ DE LA GIRONDE,

Je le prie de trouver ici l'expression de ma reconnaissance pour les bons conseils qu'il a bien voulu toujours me donner.

JUS ROMANUM.

DE DAMNO INFECTO

(Digestorum liber **XXXIX**, titulus 2.)

I. Apud Romanos juris erat, quemcumque damnum à se aliis illatum sive dolo, sive tantùm culpâ, sarcire debere; ita ut pater-familiâs pro delictis horum potestati suæ subjectorum conveniretur. Attamen in hoc casu illi permissum fuit, servum vel filium qui aliquod maleficium commiserit, reparationis nomine derelinquere et noxæ dedere, quia iniquum visum est nequitium eorum, ultrà ipsorum corpora dominum onerare. Item de animalibus ratione carentibus quæ pauperiem fecerint; lege **XII** Tabularum actio prodita est quâ si ea noxæ dedantur, proficiunt reo ad liberationem.

II. Quod de animatis rebus dicimus, hoc de inanimatis quoque referendum. Itaque, si res mea ruinosa ut puta œdificium, rei tuæ damnum decidendo tulerit, nulla tibi adversùs me competit actio, dummodo

omnia quæ jaceant pro derelicto habeam. Prœtor autem hanc derelic-
tionem sœpiùs haud æqualem esse damno dato reputans, latiùs domino
rei prospexit, et cum cœteræ actiones ad damna quæ contigerant sarcienda
pertinerent, ut in legis Aquiliæ actione et aliis, vicino ruinam timenti
jus concessit, interposita stipulatione cautionem habendi de damno infecto, id est nondùm facto, sed quod futurum verebatur.

III. Circa damnum infectum quod quis metuere possit, prætor aït :
« Damni infecti suo nomine promitti, alieno satisdari jubebo ei qui
» juraverit non calumniæ causâ id se postulare, eumve cujus nomine
» aget, postulaturum fuisse in eam diem, quam causâ cognitâ statuero.
» Si controversia erit, dominus sit necne, qui cavebit sub exceptione
» satisdari jubebo.

» De eo opere, quod in flumine publico ripave ejus fiet ; in annos
» decem satisdari jubebo.

» Eum, cui ita non cavebitur, in possessionem ejus rei, cujus nomine,
» ut caveatur, postulabitur, ire, et, cum justa causa esse videbitur, etiam
» possidere jubebo.

» In eum, qui neque caverit, neque in possessione esse, neque
» possidere passus erit, judicium dabo : ut tantùm præstet, quantùm
» præstare eum oporteret, si de eâ re ex decreto meo, ejusve cujus de
» eâ re jurisdictio fuit, quæ mea est, cautum fuisset.

» Ejus rei nomine, in cujus possessionem misero, si ab eo, qui in
» possessione erit, damni infecti nomine non satisdabitur, eum, cui non
» satisdabitur simul in possessione esse jubebo. »

IV. De his quæ ad hoc edictum pertinent tribus titulis videbimus :
1° Quale sit damnum et de quâ re metuatur ; 2° De cautione et de
omnibus quæ ad eam pertinent ; 3° De missione in possessionem et de
jussu possidendi.

TITULUS I.

I. Prospicit edictum damno nondùm facto , non igitur præterito seu quod antequam prœtor adiretur, contigit.

Duobus tamen casibus dominus ædium quæ deciderunt, vicino de damno prœterito cavere debet, 1° si velit rudera tollere, quod docet Ulpianus, Juliani sententiam referens, non aliter permittendum, quàm ut omnia auferat, et non solùm de futuro, sed etiam de prœterito damno caveat. De cœteris autem inanimis quæ damnum dederint idem quam de œdibus dicendum; 2° si justè fuit impeditus vicinus , aut propter an-gustias temporis, vel quia reipublicæ causa aberat, quominùs priusquam damnum daretur, prœtorem adiret.

II. A quâcumque re aut opere alieno damnum metuatur petitio locum habet, proindè : sive ædium aut loci vitio, sive operis quod vel in ædibus, vel in loco urbano aut rustico, privato publicove fiat, damni aliquid fu-turum sit, curat prœtor ut timenti damnum caveatur. Non omne autem vitium ædium aut loci præstatur, sed illud tantùm quod accidentale est, non quod ex ipsâ soli naturâ proficiscitur.

Præterea loca sunt de vitio quorum non cavetur qualia sunt loca pu-blica. Non est necesse ibidem opus facienti de altero vitio quàm de vitio operis satisdare. Nam si non ædificavisset, nemo esset a quo stipuletur, loco ipso publicum damnum sui naturâ inferente.

Quod ad opera attinet, sciendum est : si publicus locus publicè refi-ciatur, de damno non debet caveri, si quid vitio operis fiat; sed legem dandam operis talem, ne quid noceat vicinis damnive detur, et planè vel princeps adeundus est, vel, si in provinciâ fiat præses provinciæ.

Damnum autem quod ex fortuito casu, non ex ullo loci aut operis vitio contingit, edicto non continentur. Indè, si terræ motu vel vi tempestatis, vel aquarum impetu, ædes aut arbores meæ in tuas decidentes fregerint, nihil à me tibi præstabitur.

TITULUS II.

I. Damni infecti cautio interdùm in nudâ repromissione consistit, interdùm satisdationem requirit. — Qui de suo cavet, repromittere, qui de alieno satisdare debet. Et quidem corporis dominus, sive is qui jus habet, ut puta servitutem, et qui jure hujus servitutis, aliquod opus ex quo damnum timetur in alieno facit, repromittunt. Idem dicendum de bonæ fidei emptore, suo enim nomine agit.

At contrà fructuarius, superficiarius, creditor qui pignus accepit, et omnes qui in publico loco edificant, satisdare debent alieno nomine, quia id faciunt.

Quod si controversia sit dominus, sit necne is à quo cautio exigitur, sub exceptione satisdare jubetur, ut, si dominum esse consisterit, fidejussores non teneantur.

II. Hanc cautionem jus petendi omnibus competit quorum in bonis res est pro quâ damnum timetur, aut quorum periculo res est, quorumve interest, dummodo is qui sibi caveri petit juret se non calumniandi animo id postulare, aut, si postulat alieno nomine, cum cujus nomine agitur in diem statutam sine calumniâ postulaturum fuisse, et præterea in eodem casu caveat dominum rem ratam habiturum.

Ideo ad stipulationem admittitur non solùm dominus rei, sed etiam superficiarius et fructuarius, scilicet dominus pro damno soli, superficiarius autem pro damno superficiei. Sed, si et dominus rei et fructuarius desideret sibi caveri, uterque audiendus est : nec enim injuriam sentiet promissor, non plùs cuique præstaturus quàm quod ejus intersit.

Creditor quoque qui pignoris jure ædes tenet illarum nomine stipulari potest ; cui adjiciendi sunt inquilini domini, et uxores inquilinorum et hi qui cum his morantur.

Cœterùm, si quis in alieno deambulet aut lavet, aut in aliena taberna divertat, ei caveri non debet, quia damnum vitare, puta recidendo, potuit.

Sed accidi potest ut hæc stipulatio quibusdam eorum quos suprà enumeravimus denegetur. Etenim, si quis juxtà monumentum ædificavit, vel juxtà ædificium suum monumentum fieri passus sit, ei de damno infecto postea cavendum non erit, quia rem illicitam admisit. Quùm enim adversùs legem, qui legitimum definit, spatium peccavit, invocare legem non potest.

Idém invenit in sequentibus exemplis, sed aliâ ratione, quæ hæc est : si ille qui damnum metuit aliâ ratione tuetur, inutilis est stipulatio de damno infecto. Indè : socius si proprias ædes vicinas habens communibus ruinosis, postulat à socio sibi caveri pro damno propriarum ædium, pro quâ parte ille in communibus dominus est, stipulationem non impetrabit : potest enim reficere et postea quod impenderit pro socio aut communi dividundo judicio pro parte consequi. Item fructuarius et rei dominus, si alter ab altero postulet sibi caveri de vitio ædium, nihil obtinebit, ille, quia reficiendi jus habet ; hic quia actionem cum fructuario habet, ut viri boni arbitratu is fruatur. Pariter inquilinus, ædes vitiosas inhabitans, non audiatur : aut enim ædes ab initio vitiosas conduxit, et tunc habet quod sibi imputet ; aut in vitium ædes inciderunt, et tunc potest ex conducto experiri. Quod si vicinas ædes habeat, sine dubio propter eas damni infecti ei cavendum est.

Idem dicendum est de superficiario et de domino soli, quia invicem ex conducto et locato actiones habent. Paulò tamen placuisse videtur ut cavendum sit, quia in eas actiones ultrà culpam nihil venit ; in stipulatione autem damni infecti quodlibet soli operire venit vitium. Pariter emptor prædii, si antè traditionem stipulatus sit, de eo tantum damno cautum habebit quod post traditionem factum erit , non de antecedente : habet enim actionem ex empto, quâ damnum consequatur à venditore suo, si is illam cautionem non exegerit; hoc tamen ita, nisi venditor omne custodiæ periculum transtulerit emptori, puta si abfuturus emptori permiserit precario esse in ædibus.

Denique casus est in quo indignus est ille qui petit sibi caveri hoc beneficium obtinendi ; quod spectat eum qui, cum vitiosis ædibus cessisset, quia earum nomine nollet cavere de damno , postea à novo possessore postulet earumdem ædium nomine sibi caveri, propter alias proprias quas nunc haberet.

III. Enumeravimus eos quibus stipulatio competit; nunc de eis qui hanc præstare teneantur et de actione quæ ex eâ proficiscitur videamus.

Cavere debet dominus loci aut operis ex cujus vitio damnum timetur. Si domus in controversiâ sit, damni infecti onus possessoris est. Superficiarius quoque et fructuarius satisdare debent, nisi jam dominus repromiserit. Sed in hoc casu dominus qui repromisit, et qui forte aliquid præstitit, exigere potest ut sibi fructuarius caveat, aliter huic deneganda est fructuum petitio. Contrà, si fructuarius aliquid de soli vitio præstitit, ad eum jus domini, nisi ille caveat, transferri oportet. Quibus adjungitur creditor pigneratitius.

Hi autem omnes non possunt in infinitimum obliganti esse stipulatione. Huic ergo debet die esse insertus, intra quem si quid damni contigerit, cautio locum habebit. Sin inter litigatores de die non convenit, tunc prætor diem dabit , stipulationi æstimatione habitâ ex causâ et ex qualitate ejus damni quod contingere speratur. Uno casu stipulationis tempus determitat, scilicet, quàm de eo opere agitur quod in flumine publico, ripave ejus fiat ; quod ad alia loca publica obtinet, causâ cognitâ tempus pro conditione operis determinat. Si quidem conventione contrahentium dies adjectus fuerit, res est expedita. Sed , si concepta esset stipulatio sine adjectione diei, ut placeret teneri promissorem, quandocumque damnum incideret, si non per errorem, servanda est conventio; si vero per errorem, finito die in quem alioquin caveri solet , desiderandum est ut à prœtore reus liberetur.

IV. Si intra diem stipulationi comprehensum damnum de quo in primo titulo locuti sumus stipulatori datum est, tunc stipulatio committitur, et actio datur stipulatori tam adversùs ipsum promissorem quàm adversùs ejus heredes vel successores tam universales quàm particulares, eosve ad quos res pertinet; illorum enim omnium nomen in hâc stipulatione adjicitur.

In actione illâ veniunt quidem res quæ ædium aut operis ruina, fractæ, ruptæ, deterioresve factæ fuerunt. Item impensæ propter metum ruinæ ædificia fulciendi causâ; detrimentum propter emigrationem inquilinorum, denique quævis aliæ quibus causam dedit vitium loci aut operis cujus nomine repromittitur. Uno verbo in hâc stipulatione venit quanti ea res erit.

Nec tamen ex illâ stipulatione infinitam vel immoderatam æstimationem fieri oportet, sed moderatam , licet in his magna facta fuerit erogatio : nam honestus modus servandus, neque immoderata cujusque luxuria subsequenda.

Sed, cum is à quo caveri oportet non cavet, hanc cautionis denegationem punit prœtor, sicut in titulo sequenti videbimus.

TITULUS III.

I. Is qui cautionem sibi præstari frustrà quœsiit, à prœtore in possessionem mittitur; seu proprio nomine, seu procuratorio agat. Dummodo qui alieno nomine caveri postulat, ipse caveat dominum rem ratam habiturum.

Si plures sint domini ædium qui damni infecti sibi prospicere volunt, mittendi omnes in possessionem erunt, et quidem æqualibus partibus quamvis divisas partiones dominii habuerint. Etenim quùm unus mittitur in possessionem, non pro portione damni mittitur, sed in totum; et si prius quis in possessionem missus sit, et alius mitti.desideret idem probandum nec spectatur ordo temporis.

Hæc missio adversùs quemcumque locum habet; nec interest utrum cavere potuerit, an non is à quo cautio exigitur : veluti si tutorem pupillus non habeat, quo auctore damni infecti promittat.

Res in possessionem cujus mittitur, hæc est de quâ damnum timetur quod sic accipiendum est; sive tota res sit, sive pars rei. Si de ædibus agitur modo in totas ædes, modo in partem duntaxat ruinosam, locum habet missio. Idcirco, si ex superficie damnum timetur, cum hujus rei possessio, sine ædibus quarum est pars, misso in possessionem non prodesset, in totas ædes mittendum est. Cum autem in plures partes divisa sit domus, et tam ampla sit, ut spatia inter vitiosam partem et eam quæ vitium non facit, intercedant, in primam tantum partem locum habebit missio; si vero juncta sit contextu ædificiorum, in totas ædes. A fortiori, si insula, id est domus ab aliis sejuncta, vitium faciat in eam tantum mittendum est.

Si de agris igitur sine distinctione in partem tantum, ex quâ periculum timetur mittendum est hâc ratione; quod in ædificiis partes quoque reliquæ à vitiosâ parte trahuntur; in agris autem non idem evenit.

Qui ex hoc primo decreto mittitur in possessionem, nudam duntaxat rei custodiam consequitur : adeo ut dominus decedere possessione non debeat, sicuti nec quùm creditores, vel legatarii mittuntur; et quùm ab hoc tantum missus sit ut vice cautionis in possessione sit, rem reficere et fulcire non debet.

Hæc possessio durat donec misso cautum fuerit aut ipse sponte necesserit. Cautio autem ad omne damnum quod contigit posteaquam vicinus missus est in possessionem, item ad impensas si quas fecerit possessor, porrigitur; et quùm decedit possessione, ut decedendo beneficium missionis amittat, volens et animo derelinquendi id agere debet; aliter, si invitus, puta metu ruina excesserit, restituendum in possessionem.

II. Quùm hæc prima missio non sufficit ad cogendum eum qui non cavit cautionis prœstationi, tùm prætor coercitionem augens, possidere jubet eum qui non cavitur; sed tantùm quùm justa causa esse videbitur. Intervallum ergo aliquod intercedere debebit, quo aut pro derelicto ædes longo silentio dominus videatur habuisse aut misso in possessionem et aliquandiù immorato nemo caveat. Attamen si dominus Reipublicæ causa abest aut ex alià justà causà, vel in ætate sit cui subveniri solet, non debet prœtor festinare ad decernendum ut possidere liceat. Sed et si decreverit nemo dubitat indulturum restitutionem in integrum. Ea est vis hujus decreti ut quùm quis possidere jussus sit, dominus dejiciendus erit possessione ne ampliùs cautionis oblationi locus sit. Non tamen qui possidere jussus est, statim dominus fit : nam dominum prætor facere non potest, sed usucapiendo per longum tempus dominium acquivit, et intra tempus quod ex secundo decreto usque ad usucapionem completam currit, eum pro domino habet prœtor et interdicto utili de vi aut actione publicianà tuetur, et hoc, tam adversùs dominum quàm adversùs eos, qui de damno infecto, rei nomine circa quam aliquod jus habebant, non satisdederunt.

III. Quùm autem qui cavere debet, neque cavet, neque in possessione esse, neque possidere patitur, in eum uti potest adversarius actione in factum ut tantùm præstetur ei quantùm præstari oportet, si de eà re cautum fuisset; quæ sunt edicti verba. Hæc actio quæ rei persecutoria est, perpetuo datur et heredi et in heredem cœterasque itemque cœteris personis.

IV. Nam quùm de magistratibus locuti erimus quibus pertinet cognitio stipulationis et jus in eà re decretà interponendi, materia completa erit.

Qui de damno infecto vult experiri, prœtorem, presidemve provincia adire debet. Quando tamen res celeritatem desiderat, et periculosa dilatio videretur prætori vel præsidit, si ex hâc causâ sibi juridictionem reservaret quæ sua est, magistratibus municipalibus duas res delegandas rectè putavit : scilicet cautionem et primam possessionem; cætera suæ jurisdictioni reservavit.

Hæc non tantùm permittit prœtor magistratibus municipalibus, sed etiam injunxit : itaque in eum qui officium suum quùm postularetur non exibuerit, datur judicium quanti ea res erit cujus damni infecti cautum non fuit; nisi tamen tam vicinum urbi municipium sit ut magistratu se non interponente potuerit prœtor vel prœses adiri.

DROIT FRANÇAIS.

DES ENGAGEMENTS QUI SE FORMENT SANS CONVENTION.
(C. C. 1370—1386.)

L'obligation est ce lien de droit qui intervient dans presque toutes les matières de notre Code ; il est le plus souvent le produit de la volonté des parties qui agissent d'un commun accord et dans un but déterminé. Le contrat est donc la source la plus abondante des obligations, mais il n'est pas la seule. En effet, la loi, dans l'intérêt de la société et de la famille, a dû ou imposer spontanément des obligations dans certaines circonstances qu'elle a prévues, ou considérer certains faits comme obligeant leurs auteurs, ou même comme obligeant envers leurs auteurs. De là, deux nouvelles espèces d'engagements ; les uns résultent de l'autorité seule de la loi ; les autres naissent d'un fait personnel à celui qui se trouve obligé, disons encore, ou à celui envers qui l'autre est obligé. Ce fait lui—même est licite ou illicite. Dans le premier cas, il prend le nom de quasi-contrat ; dans le second, celui de délit ou quasi-délit, suivant qu'il a été accompagné ou non d'intention de nuire (art. 1370).

Ces mots quasi-contrat et quasi-délit nous viennent du droit romain, et sont la traduction des mots latins : *quasi contractus, quasi delictum,* mots qui n'existaient pas dans la langue juridique des Romains. Chez eux, il n'y avait primitivement que deux sources d'obligations, le contrat et le délit. Plus tard, quand des dispositions postérieures et la juridiction du préteur eurent reconnu dans un but d'utilité commune, d'autres cas d'obligations en dehors du droit civil pur, la jurisprudence ne chercha pas à les faire entrer dans le cadre déjà formé des contrats et des délits ; elle se contenta d'examiner leur plus ou moins d'analogie avec ces derniers, et à les classer d'après cette analogie ; ainsi tel fait ne contient aucune convention ; ce n'est donc pas un contrat, mais, d'autre part, il est licite, et, comme il se rapproche plus du contrat que du délit, c'est au premier qu'on le rattache, et alors l'obligation naîtra : *quasi nasceretur ex contractu* et par abréviation *quasi ex contractu.* Si, au contraire, le fait d'où naît l'obligation est illicite, s'il se rapproche du délit, l'obligation naîtra *quasi ex delicto.*

D'après cette théorie, qui n'avait pas égard à l'origine des obligations, mais seulement à leur plus ou moins de similitude avec les sources primitives, il n'y avait pas lieu de distinguer les obligations imposées par la loi, de celles qui naissent *quasi ex contractu ;* les unes et les autres étaient confondues dans une même classe. Par la même raison, pour séparer les délits des quasi-délits, il n'était pas nécessaire de s'attacher à l'intention de-nuire, qui, dans notre Code, est le caractère distinctif du délit. Le délit, en droit romain, est tout fait illicite, prévu et puni par la loi pénale ; le quasi-délit est tout fait qui ne rentre pas dans les prévisions de la loi. Telle est la véritable différence dans laquelle l'intention de nuire n'est pour rien : de sorte qu'un fait illicite, commis sans intention de nuire, peut tout aussi bien être un délit qu'un fait illicite commis avec intention de nuire, n'être qu'un quasi-délit. C'est ainsi que l'impéritie, l'erreur même involontaire du médecin, était un délit, et par cela seul qu'elle tombait sous le coup de la loi Aquilia (*Inst.*, l. IV, t. 3, § 7). Tandis que l'erreur, même volontaire, du juge n'était qu'un quasi-délit et cela, parce qu'elle n'était pas au nombre des cas prévus par la loi (ff. *de Jud.*, l. XV, § 1). Ces diverses dénominations avaient, comme nous le voyons, une signification différente de celles qu'elles ont aujourd'hui. Du reste il n'y a aucun inconvénient, il y a même avantage à avoir fait des mots quasi-contrat, quasi-délit, des substantifs destinés à désigner une classe particulière d'engagements. Cette classification, fondée, tant sur l'origine des obligations que sur le plus ou moins de culpabilité du fait, satisfait l'esprit par sa vérité et sa précision.

Le Code, dans le titre qui va nous occuper et dont la rubrique porte : *Des engagements qui se forment sans convention*, ne parle des engagements qui résultent de l'autorité seule de la loi, que pour signaler leur existence et en citer deux exemples : les engagements entre propriétaires voisins et ceux des tuteurs et des autres administrateurs qui ne peuvent refuser la fonction qui leur est déférée. Les règles de ces deux sortes d'engagements sont développées plus haut, dans les titres qui les concernent, avec cette particularité, toutefois, que les engagements entre propriétaires voisins reçoivent, dans cette partie du Code, la dénomination de *servitudes légales ;* or, l'idée de servitude est éminemment exclusive de celle d'obligation. De là contradiction et difficulté quant à la compétence du tribunal qui devra connaître de l'affaire en cas de contestation. Cette contradiction existe plutôt dans les termes que dans les principes. En effet, les servitudes légales ne sont pas à proprement parler des servitudes. Une fois reconnues et établies par la loi, elles forment le droit commun de la propriété dont la servitude est précisément le contraire : ce sont plutôt des obligations ; l'art. 651, placé au titre même des ser-

3

vitudes, leur donne cette qualification, mais des obligations d'une espèce particulière, existant uniquement *propter rem*, et dont l'obligé peut se libérer en abandonnant la chose. Cependant cette qualification de servitudes et la place qu'elles occupent, peuvent servir à trancher les difficultés de compétence, et décider qu'en ce cas, comme en matière réelle, la connaissance du litige appartiendra au juge de l'endroit où est situé l'immeuble (*Pr.* 59, 3ᵉ al.).

Les deux cas d'obligations légales dont nous venons de parler ne sont pas les seuls, et l'art. 1370 est loin d'être limitatif. Ainsi le mariage fait naître des obligations, tant entre les époux qu'entre eux et les enfants nés de leur mariage : l'héritier *ab intestat* se trouve obligé, en vertu de sa qualité, envers les créanciers et les légataires ; il en est de même du possesseur de bonne ou mauvaise foi envers le propriétaire qui revendique ; voilà de nouveaux exemples d'obligations légales, et il serait facile d'en augmenter le nombre. En dehors du droit civil, les lois politiques ont créé de véritables obligations légales : telle est celle de payer des contributions, de céder sa propriété pour cause d'utilité publique (*L.* de 1791 et 1841), de servir dans l'armée pendant un temps requis (*L.* de 1832).

Le Code civil n'avait pas à s'occuper ici de ces diverses obligations qui ont reçu leurs explications ailleurs : il passe donc de suite aux quasi-contrats et aux délits et quasi-délits, matière toute nouvelle et dans les détails de laquelle nous allons le suivre.

DES QUASI-CONTRATS.

Les quasi-contrats sont des faits purement volontaires et licites dont il résulte un engagement quelconque envers un tiers, et quelquefois un engagement réciproque des deux parties (art. 1371).

Les principaux quasi-contrats, les seuls dont le Code s'occupe, sont la gestion d'affaires et le paiement de l'indû. Cependant, il existe d'autres faits réunissant les caractères que nous venons de déterminer et auxquels s'adapte parfaitement la définition précédente. Telles sont l'acceptation d'une hérédité testamentaire, l'exécution testamentaire, l'administration d'un objet indivis sans qu'il y ait eu contrat de société. Le nombre des quasi-contrats n'est donc pas déterminé dans notre titre, et, en effet, il eût été difficile de fournir des exemples de tous les quasi-contrats et d'analyser l'espèce, la nature et l'étendue des engagements qu'ils produisent divisément (*Bertrand de Grenille; rapport au Tribunat*). Il faut remarquer, toutefois, que dans le discours fait au Corps législatif, l'orateur du Tribunat, tout en procédant par les mêmes idées, ne reconnaît que deux quasi-contrats proprement dits ; à savoir : la gestion d'affaires et le paiement de l'indû.

DU QUASI-CONTRAT DE GESTION D'AFFAIRES.

Ce quasi-contrat se forme, par la gestion volontaire qu'une personne entreprend de l'affaire d'autrui sans mandat. Son but est de veiller aux intérêts de ceux que leur éloignement ou d'autres circonstances impérieuses empêchent de s'occuper de leurs propres affaires (*Inst.*, l. III, t. 25, 1). Ce motif, quelque impérieux qu'il soit, n'empêche pas de prendre des précautions contre le zèle indiscret ou la mauvaise foi de ceux qui entreprendraient l'affaire d'autrui, de manière à la compromettre, et c'est à quoi la loi a pourvu dans les obligations qu'elle impose au gérant, à raison du fait de la gestion.

D'autre part, ce but serait manqué, si une gestion utile et telle que le propriétaire lui-même ne saurait la désavouer sans injustice, ne devait pas profiter au gérant, au moins dans les limites de cette utilité ; nul, en effet, ne s'offrirait à donner des soins à une affaire, s'il n'avait aucun moyen de répéter les dépenses qu'elles pourraient lui occasionner par la suite (*Inst., loc. cit.*). Dans cette hypothèse, le propriétaire sera donc soumis de son côté au paiement d'une juste indemnité, et c'est en cela que consistera l'obligation, possible de sa part, quoique non nécessaire, que la loi a déterminée.

Les obligations du gérant sont relatives à la continuation, à l'achèvement de l'affaire commencée, et aux soins qu'il y doit apporter (art. 1372-1374).

Celui qui entreprend l'affaire d'autrui a pu ou détourner une personne plus habile et plus diligente que lui de l'administrer, ou empêcher le propriétaire lui-même d'y pourvoir ; d'après cela, il ne peut lui être permis d'abandonner, à sa volonté, la gestion une fois commencée, et l'engagement qu'il contracte tacitement à cet égard subsiste jusqu'à l'instant au moins où le maître est en état de reprendre la direction de ses affaires. En outre, si ce dernier vient à mourir, avant que l'affaire soit consommée, le gérant demeure obligé à continuer la gestion jusqu'à ce que l'héritier puisse le remplacer, quoiqu'il n'ait agi, peut-être, qu'en la considération du maître.

Les soins que le gérant est tenu d'apporter à l'affaire, sont, en principe, ceux d'un bon père de famille. Néanmoins, l'art. 1374 laisse au juge le pouvoir de restreindre la quotité des dommages-intérêts qui pourraient résulter des fautes ou de la négligence du gérant, suivant les circonstances qui l'ont conduit à se charger de la gestion. Il doit tous ses soins, tant à l'affaire elle-même, qu'à toutes ses dépendances, sans être forcé, toutefois, de les porter à d'autres affaires qu'à celles qu'il a eu en vue dans le principe.

Dans ces limites, le gérant est soumis, par l'art. 1372, à toutes les obligations qui résulteraient d'un mandat exprès que lui aurait donné le propriétaire. En vertu de cette assimilation, qui n'est pas, toutefois, d'une complète exactitude, nous ajouterons aux obligations précédentes, celles de rendre compte de sa gestion, de répondre de ceux qu'il s'est substitués, de payer l'intérêt des sommes qu'il a employées à son usage personnel, à dater de cet emploi, et de celles dont il est reliquataire, à compter du jour de la mise en demeure : dispositions qui résultent des art. 1993, 1994 et 1996, relatifs au mandat.

Ces diverses obligations existent par le fait même de la gestion ; aussi est-il inutile de s'arrêter à l'examen des motifs qui ont pu guider le gérant. Qu'il ait eu en vue l'intérêt du maître de l'affaire, qu'il se soit trompé sur la personne de ce maître, qu'il ait agi dans un but d'intérêt personnel, ou qu'il ait géré l'affaire d'autrui croyant qu'elle était la sienne propre, il est soumis aux mêmes obligations. Ce n'est pas actuellement que la distinction entre ces divers cas offre de l'intérêt ; c'est plus tard, quand le gérant viendra réclamer le paiement de ses déboursés et de son salaire.

Il importe peu que le maître ait connu la gestion ou qu'il l'ait ignorée. Dans le droit romain, quand le *dominus rei* avait eu connaissance de la gestion, on appliquait la règle *semper qui non prohibet pro se intervenire mandare creditur,* il y avait mandat tacite. Peut-on, dans notre droit, admettre le même système ? La question a de l'importance, à cause des différences qui existent entre les deux opérations, et dont la plus importante est, que le mandataire peut réclamer la totalité de ses débours (art. 1999), tandis que le gérant ne peut agir que dans les limites de l'utilité qu'il a procurée (art. 1375).

Si, d'une part, l'art. 1372 est formel et semble assimiler les deux sortes de gestion, d'autre part, l'ancien principe est fondé en raison, et même appliqué en quelques parties de notre Code. Ainsi, la femme mariée est considérée, en général, comme ayant un mandat tacite du mari, pour les dépenses du ménage (art. 1420) ; de même, le mari, à qui, sous le régime de la séparation de biens, la femme a laissé la jouissance

de ses biens, les administre en vertu d'un mandat tacite (art. 1539).
C'est pourquoi la solution de la question paraît devoir dépendre des faits
dont le juge sera appréciateur. Les circonstances peuvent être telles que
le maître ne veuille pas conférer le mandat, bien qu'il ait connaissance
de la gestion, notamment lorsque, se trouvant éloigné, il n'a pu juger
par ses yeux de la direction donnée à ses affaires. Dans ce cas, en effet,
il est juste de laisser au propriétaire la garantie la plus forte, celle qui
résulte de la gestion d'affaires. Mais, s'il est sur les lieux, s'il a pu se
convaincre de l'utilité de la gestion, s'il a eu la facilité de l'interrompre,
il n'y a aucun motif pour ne pas voir là un véritable mandat tacite,
quand l'existence du fait dont il dépend était entièrement à la discrétion
du maître de l'affaire.

Les obligations du maître de l'affaire, qu'une juste réciprocité a fait
établir, consistent : à remplir les obligations que le gérant a contractées
en son nom, à l'indemniser des engagements qu'il a pris en son nom personnel, enfin à lui rembourser toutes les dépenses utiles et nécessaires
qu'il a faites (art. 1375). Encore, pour cela, faut-il se placer dans l'hypothèse d'une bonne administration, d'une gestion vraiment utile ; c'est
alors seulement que le gérant peut réclamer ses déboursés et avoir droit
aux précédentes indemnités. Cependant l'utilité, qui fait la base de l'action du gérant s'apprécie, en général, au temps où l'affaire a été entre-
prise, et l'on examine, non ce qu'elle est actuellement, mais ce qu'elle a
été dans le principe. On doit donc accorder au gérant la répétition des
dépenses utilement faites au moment où elles ont eu lieu, quoique, par
suite de circonstances imprévues, l'avantage qui devait en résulter ait
cessé, ou ne se soit pas réalisé. On doit aussi, toujours en considérant
l'équité, accorder au gérant le droit de percevoir l'intérêt des avances
qu'il a faites, à partir du moment où elles ont eu lieu, et non pas seulement du jour de la demande, et cela malgré le silence sur ce point de
l'art. 1375, et la règle générale de l'art. 1153. Comme, en vertu de

l'assimilation des obligations du gérant à celles du mandataire, nous avons appliqué contre lui la disposition de l'art. 1996, nous trouvons juste de lui accorder le bénéfice de l'art. corrélatif 2000, par lequel l'intérêt des avances faites par le mandataire lui est dû par le mandant, à dater du jour des avances constatées.

L'intention qui a pu animer le gérant dans sa gestion est, avons-nous dit plus haut, indifférente, quant aux obligations qu'il contracte envers le maître, mais offre de l'intérêt, en certains cas, lorsqu'il s'agit de déterminer l'étendue des obligations du maître envers le gérant. En effet, celui qui a entrepris une gestion, *animo donandi,* et qui, en raison des circonstances, est supposé vouloir gratifier le maître de l'affaire, ne doit pouvoir, en aucune façon, réclamer ses déboursés. De même, celui qui s'immisce dans les affaires d'autrui, dans des vues d'intérêt personnel, ne pourra, lors même que sa gestion aurait été utile, répéter ses dépenses, que jusqu'à concurrence de la somme dont ce dernier se trouve enrichi, au moment de la demande. Celui qui gère malgré l'opposition constatée du maître, est censé vouloir gratifier ce dernier : il n'aura donc, en principe, aucune action contre lui. Cependant, s'il est prouvé que l'intention de gratifier n'existait pas, et que le propriétaire eût agi sagement, en faisant lui-même ce que le gérant a pris sur lui de faire, il serait difficile de refuser au gérant au moins l'action *de in rem verso.*

Au reste, quelles que soient les circonstances, dans lesquelles une personne se soit immiscée aux affaires d'autrui *animo repetendi,* la ratification donnée par le maître, équivaut à un mandat, et soumet ce dernier à toutes les obligations qui naissent de ce contrat.

DU PAIEMENT DE L'INDU.

Tout paiement suppose une dette; donc, ce qui a été payé sans être dû est sujet à répétition (art. 1235) : autrement, celui qui a reçu la chose, à laquelle il n'avait aucun droit, s'enrichirait aux dépens d'autrui, résultat contraire à l'équité et que la loi ne peut consacrer. Il sera donc en principe, tenu à restitution, qu'il ait reçu par erreur ou sciemment (art. 1376) : cette circonstance n'a aucune influence sur l'existence de son obligation, quoiqu'elle en ait beaucoup sur son étendue (1378-1381).

Le paiement de l'indû peut être fait dans deux hypothèses distinctes :

1° L'obligation n'existe pas en fait, ou elle se trouve déjà éteinte, ou elle est civilement inefficace, ou encore le titre sur lequel elle est fondée est sujet soit à annulation, soit à rescision ;

2° L'obligation existe; mais alors ou le véritable débiteur a payé à une autre personne qu'au créancier, ou le créancier a reçu d'une autre personne que le débiteur, ce qui est le cas prévu par l'art. 1377.

Dans ces divers cas, le paiement, à moins que l'on ne suppose une libéralité, ne s'explique que par une erreur de la personne qui a payé soit sur l'existence de l'obligation, soit sur la qualité de débiteur ou de créancier. Aussi, dans le droit romain, le demandeur en répétition de l'indû devait prouver, d'une part, qu'il avait fait le paiement dont il réclamait la restitution; d'autre part, que ce paiement n'était pas dû, et qu'il l'avait effectué par erreur (*ff. de Cond. ind.*, *l.* 1, § 1). S'il avait payé sachant qu'il ne devait rien, il faisait une donation *qui sciens indebitum soluit donâsse videtur*. Néanmoins, dans le cas particulier où le défendeur avait nié le paiement, et où ce fait venait à être prouvé contre lui, le demandeur était dispensé de fournir la preuve de son erreur; c'était au défendeur à prouver que le paiement lui avait été fait pour une juste cause (*ff. de Prob.*, *l.* 25). Ce système est encore suivi dans le Code, mais on doit dire, cependant, qu'il n'est pas généralement adopté, et on lui en oppose un autre tiré de la combinaison des art. 1376 et 1377. Ce dernier article parle seul de l'erreur et semble n'en exiger la preuve, que dans le cas qu'il prévoit. Ainsi, quand le paiement aura été fait au véritable créancier, alors, mais seulement alors, le demandeur en répétition devra prouver qu'il a été dans l'erreur : dans les autres cas, dans ceux de l'art. 1376 qui garde le silence relativement à l'erreur, le demandeur sera dispensé de cette preuve.

Sans doute, quand l'intention de gratifier ne peut se présumer; quand, par exemple, l'objet du paiement est un immeuble, il est inutile de prouver l'erreur, puisque, l'intention de donner eût-elle existé, elle n'aurait aucun effet, en l'absence de formes requises pour les donations d'immeubles (931 et suiv.). Mais, quand il s'agit d'effets mobiliers, à l'égard desquels une simple tradition suffit pour opérer la donation (852 et 868), pourquoi ne pas supposer chez celui qui paie, l'intention de faire une donation, plutôt que d'agir sans motifs? Et, s'il a eu un motif, mais qu'il eût été dans l'erreur à son occasion, pourquoi ne pas mettre à sa charge la preuve de cette erreur, laquelle le place dans une position toute exceptionnelle, et par cette raison, le soumet à la règle générale de l'art. 1315.

Quant à la nature de cette erreur, il n'y a pas lieu de distinguer si elle est de fait ou de droit. Cette distinction, par cela même qu'elle est faite par la loi dans certaines circonstances prévues et spécialisées (art. 1356—2052), ne doit pas être suppléée, quand il s'agit de l'erreur en général, comme dans le cas qui nous occupe (1376).

En droit romain, l'erreur, dans le paiement d'une dette naturelle, ne donnait pas lieu à répétition, et cette disposition se justifie par le grand nombre d'obligations que la rigueur du droit civil ne permettait pas de considérer autrement que comme naturelle; mais, sous l'empire de notre Code, où le nombre de ces obligations est au contraire fort restreint, il ne paraît pas qu'il doive en être ainsi. En effet, l'art. 1235 déclare que « la répétition n'est pas admise à l'égard des obligations naturelles qui ont été volontairement acceptées ». Ce mot *volontairement* prouve que la loi n'a voulu avoir égard qu'aux faits accomplis en connaissance de cause, et, c'est ce que confirme la disposition de l'art. 1338. Or, l'erreur viciant essentiellement cette volonté, le paiement qui én résulte ne peut être considéré comme fait volontairement, et en l'absence de cette condition que la loi met à l'acquittement valable de l'obligation, c'est agir dans ses vues que d'admettre ici, commé précédemment, la répétition de ce qui a été payé.

Indépendamment du cas d'une obligation naturelle acquittée volontairement, le principe, que ce qui a été payé sans être dû est sujet à répétition, reçoit exception dans les circonstances suivantes : 1° Si le paiement a été fait à un incapable, l'action *de in rem verso* ou *de dolo* est alors seule applicable; 2° si le créancier, sur le paiement qui lui a été fait, supprime son titre, la personne qui s'est faussement crue débitrice, n'a plus alors de recours que contre le véritable débiteur. Il faut, bien entendu, que le créancier ait été de bonne foi, en supprimant son titre, c'est-à-dire, qu'il ait ignoré que celui qui venait de le payer n'était pas son débiteur, autrement il serait de mauvaise foi, et devrait subir toutes les conséquences de son dol. D'un autre côté, si, sans supprimer son titre, il avait laissé prescrire la dette, dans la persuasion qu'elle était valablement éteinte, il est juste, puisque le résultat est le même, quant à ce qui le concerne, de lui conserver la faveur de n'être pas recherché par le débiteur imaginaire.

Il y aurait aussi exception dans l'opinion de certains auteurs, lorsque le paiement a été fait en vue d'acquitter une dette fondée sur une cause illicite ou contraire aux bonnes mœurs. La théorie romaine, au sujet de ce paiement, fait *ob turpem causam,* était conçu ainsi: S'il y avait turpitude du côté seulement de l'*accipiens,* le *tradens* avait l'action en répétition, et il n'est pas douteux qu'il en soit de même en droit français; mais, et c'est là qu'il y a difficulté, si la turpitude existait chez le *tradens* ou chez l'une et l'autre partie, la répétition n'était pas admise. Cette dernière décision peut-elle encore aujourd'hui recevoir son application ? Nous ne le pensons pas; en effet, la circonstance qu'il y a turpitude soit de la part du *tradens*, soit de la part des deux contractants, ne peut être un motif juridique d'enrichir l'un des deux aux dépens de l'autre : car ce serait un résultat contraire au principe général, que nul ne doit s'enrichir aux dépens d'autrui, et en opposition avec ce principe particulier des art. 1108, 1132 et 1133, « que l'obligation fondée sur une cause illicite ne peut avoir aucun effet ».

Au reste, le paiement fait en vertu d'une dette légitime, mais qui excède soit le montant de cette dette, soit la part pour laquelle celui qui l'a faite y était obligé, constitue, quant à cet excédant, un paiement de l'indû, et peut être répété. Il en est de même d'un objet dû sous une alternative, mais que l'on croyait, par erreur, devoir d'une manière déterminée, ou bien encore de l'objet dû sous une condition suspensive, et dont le paiement a eu lieu avant l'évènement de la condition.

Cette dernière décision n'était pas admise en droit romain, à l'égard d'une dette à terme payée avant l'échéance (*ff. de Cond. ind.*); mais le motif pour lequel la loi romaine se refusait à voir là un paiement de l'indû n'existant plus, rien ne s'oppose à ce que la répétition ait lieu, et, quand l'art. 1186 dit que « ce qui a été payé d'avance ne peut être répété », il nous semble qu'il n'a eu en vue que le cas où le débiteur a payé par avance, sachant qu'il avait un terme.

Les obligations de celui qui a reçu l'indû varient suivant sa bonne ou sa mauvaise foi, et suivant la nature de l'objet sujet à restitution.

Celui qui a reçu de bonne foi ne doit restituer que ce dont il s'est enrichi ; c'est le principe de la loi romaine qui a été admis dans notre droit (*ff. de Cond. ind.*, *l.* 65, 7, 8). D'après ce principe, lorsqu'il s'agit de sommes d'argent ou d'autres choses qui se déterminent au compte, au poids ou à la mesure, celui qui les a reçues, de bonne foi, doit rendre les mêmes sommes ou une pareille quantité de choses de même qualité (1358, *à cont.*). Lorsqu'il s'agit d'un immeuble ou d'un meuble déterminé dans son individualité, celui qui l'a reçu est tenu de le restituer avec tous ses accessoires et toutes les accessions qui peuvent y être survenues ; mais il ne devra compte des fruits, qu'à partir du jour où sa bonne foi a cessé, et ce ne sera également qu'à compter de cette époque, qu'il devient responsable de la perte et des détériorations qui peuvent arriver par défaut de soins de sa part ; car seulement alors il est en faute, et, tant qu'il a pu se croire propriétaire, il était en droit de négliger ou détériorer la chose, car elle était sienne. Enfin, lorsqu'avant la cessation de la bonne foi, il a vendu la chose, il ne doit restituer que le prix de la vente (1379-1380). Au contraire, s'il a été de mauvaise foi, il est tenu, dans le cas où il a reçu des sommes d'argent ou des choses *quæ pondere numero, mensurâ constant,* de restituer, tant le capital, que les intérêts du jour du paiement (1378). Dans le cas où l'objet du paiement est un immeuble ou un meuble déterminé, il doit tous les fruits qu'il a perçus ou pu percevoir depuis le jour du paiement, et répond, non seulement des pertes et des détériorations arrivées par sa faute, mais encore de celles qui ont eu lieu par cas fortuit (1379), à moins toutefois, qu'il ne prouve que l'objet à restituer eût également souffert ou péri chez le propriétaire (1302, 2me al.). Telles sont les obligations diverses de celui qui a reçu le paiement de l'indû. Il peut arriver que celui qui a effectué ce paiement soit tenu, de son côté, au remboursement des dépenses qui ont été faites à l'occasion de l'objet qu'il réclame. Ainsi, la personne à qui la chose est restituée, doit tenir compte, même au possesseur de mauvaise foi, de toutes les dépenses utiles et nécessaires qui ont été faites pour la conservation de la chose (1381). Ces expressions de l'art. 1381, susceptibles de critique, puisque les dépenses nécessaires sont par cela même faites pour la conservation de la chose, doivent, en outre, être complétées. Ainsi, faisant la distinction entre les dépenses nécessaires, utiles et voluptuaires, nous déciderons que, dans le premier cas, il y aura lieu au remboursement intégral ; dans le second, au remboursement jusqu'à la concurrence de la plus-value ; enfin que, dans le troisième, le montant des dépenses ne pourra être répété en aucune façon.

DES DÉLITS ET QUASI-DÉLITS.

Le délit est un acte illicite commis avec intention de nuire soit à la société, soit aux particuliers.

Le quasi-délit est le même acte dépouillé de son intention malfaisante. Tous deux sont compris, quant à l'obligation qui en naît, dans ces termes de l'art. 1382 : « Tout fait quelconque qui cause à autrui un dommage, oblige celui par la faute duquel il est arrivé, à le réparer ».

En droit criminel, le mot quasi-délit ne se rencontre pas, et celui de délit reçoit une signification différente de celle que lui donne le droit civil. Tantôt, et dans un sens général, il désigne toute infraction définie et punie par la loi pénale ; tantôt, et dans un sens spécial, il désigne l'infraction punie par une peine correctionnelle (*C. Pén.*, art. 1). Quand le délit est à la fois délit selon la définition du droit civil, et délit suivant la définition du droit criminel, il donne lieu à deux actions : l'une, toute civile, pour la réparation du dommage, l'autre, toute pénale, pour l'application de la peine. Mais ce concours n'est pas forcé. En effet, la loi civile considère comme délits, par cela seul qu'ils sont illicites et dommageables, des faits que la loi pénale n'incrimine pas (*C. C.*, art. 2059); et la loi pénale incrimine et punit des faits qui, ne portant pas atteinte actuellement au droit d'autrui, sont, par cette circonstance, hors de l'action de la loi civile (*C. Pén.*, art. 2. et 3).

Les délits et quasi-délits, d'après les art. 1382 et 1383, peuvent consister indifféremment dans des faits positifs ou de commission et dans des faits négatifs ou d'omission. Indépendamment du dommage qu'ils ont dû causer, et du dol ou de la faute qui les caractérise, il est nécessaire, pour qu'ils donnent lieu à une action, qu'ils soient illicites, c'est-à-dire, que leur auteur ait agi contrairement au droit de l'adversaire, et non conformément à la faculté légale qu'il avait de faire tel acte ou de s'en abstenir. De plus, il n'y a ni dol ni faute chez la personne qui n'a pas la conscience de ses actes, ce qui met hors de cause l'insensé, l'enfant encore privé de discernement, ainsi que ceux qui obéissent à une force majeure, ou se trouvent sous l'influence d'un cas fortuit. Il peut même se faire, qu'un acte nuisible à autrui, autre toutefois qu'un délit, et imputable à son auteur, ne donne lieu à aucune indemnité, quand il a été précédé de la faute de la personne qui en a souffert (*ff. de Reg. jur.*, *l.* 203).

Tout délit ou quasi-délit engendre l'obligation de réparer le préjudice qui en est résulté pour autrui, et soumet son auteur au paiement d'une indemnité. Cette indemnité se règle, comme toujours, sur la perte que la personne lésée a éprouvée, et sur le gain dont elle a été privée par suite du fait illicite. Au reste, la détermination des dommages-intérêts, dans le cas, du moins, d'un délit criminel, est laissé à la justice de la Cour ou du Tribunal, quand la loi n'a pas pris soin de la faire elle-même *(C. P.*, 51, 117-119; *C. For.*, 202., *Loi du 10 vend., an. IV, t.* 5, art. 1 et 6.). Dans la même hypothèse d'un délit criminel, il y a solidarité, pour la réparation du dommage, entre tous ceux qui y ont participé, comme auteurs principaux ou comme complices; c'est ce que décide l'art. 55 du C. Pén. Mais il y a question de savoir si cette disposition doit être étendue aux auteurs d'un délit ou quasi-délit purement civil. Il nous paraît difficile, en suivant les principes, de juger autrement que par l'affirmative. En effet, si, dans le cas de délit, il y a eu concert frauduleux entre les parties; si, dans le cas de quasi-délit, il est impossible de déterminer la part que chacune d'elles y a prise, chacun des auteurs doit être considéré individuellement, comme la cause d'un dommage, qui, sans sa participation, ne serait peut-être pas arrivé. On peut aussi ajouter, et cela en règle générale, que toute personne étant obligée de respecter les droits d'autrui, il y a eu de sa part, par suite du fait illicite, violation complète du devoir qui lui était imposé par la loi; et la circonstance qu'elle a été aidée par d'autres, ou qu'elle a aidé ces derniers, ne doit pas diminuer l'étendue de l'obligation qu'elle a contractée, par le délit ou quasi-délit dont elle s'est rendue coupable.

Les dispositions des art. 1382 et 1383 sont étrangères aux fautes commises dans l'exécution d'un contrat ou de l'obligation résultant d'un quasi-contrat. La responsabilité qui peut naître de pareilles fautes se détermine par les principes qui régissent le contrat ou le quasi-contrat de l'exécution duquel il s'agit.

La disposition de la loi, qui range parmi les faits illicites et sujets à réparation, ceux qui résultent de notre négligence ou de notre imprudence, nous rend par là même responsables des dommages causés par les personnes sur lesquelles nous devons veiller, ou par les animaux et les choses qui nous appartiennent, ou qui sont confiés à notre garde. Sont responsables, d'après le Code civil, du fait d'autres personnes : 1° le père, et après le décès du mari, la mère ; 2° les maîtres et les commettants ; 3° les instituteurs et les artisans (art. 1384).

Le père, et après son décès la mère, doit réparer le dommage causé par ses enfants mineurs, habitant avec lui ou avec elle. Il faut assimiler au décès du père, son absence déclarée ou présumée, et le cas où il se trouverait en état de démence ou d'interdiction légale. La loi ne distingue pas, entre les mineurs émancipés et ceux qui ne le sont pas. Cependant, dans le cas où l'émancipation résulte du mariage, il semble que la responsabilité des parents doit cesser ; en effet, l'enfant, en se mariant, ou devient lui-même chef de famille, ou passe sous l'autorité maritale, sans qu'il y ait en cela des reproches à faire au père et à la mère d'avoir profité d'une occasion avantageuse d'établir leur enfant. Il n'en est pas ainsi de l'émancipation expresse : outre que l'enfant émancipé, qui continue à habiter avec ses parents, reste sous leur autorité morale, il ne peut dépendre d'eux, en conférant à leur enfant un bénéfice dont il n'est peut-être pas digne, de se soustraire à la responsabilité que la loi leur impose ; l'art. 1384 garde aussi le silence sur le tuteur : bien que les dispositions de cet article ne doivent pas être étendues par voie d'analogie, nous n'hésitons pas cependant à le rendre responsable des actes de son pupille. Chargé de remplacer les parents de ce dernier, et investi par la loi (art. 450 et 468, 206, *Cod. For.*) d'une autorité analogue à la leur, il paraît juste qu'il soit soumis, comme eux, aux conséquences de son défaut de surveillance. En tous cas, il serait impossible de ne pas le placer sur la même ligne que les instituteurs.

Les maîtres et commettants répondent du dommage causé par leurs domestiques et préposés, dans les fonctions auxquelles ils les ont employés. Il importe peu, à cet égard, que le domestique ou le préposé ait commis un fait dommageable par ordre de son maître, ou qu'il l'ait commis de son propre mouvement ; mais, quand le délit ou quasi-délit a eu lieu hors des fonctions auxquelles le domestique ou le préposé était employé, la responsabilité cesse.

Les instituteurs et les artisans sont tenus du dommage causé par leurs élèves et apprentis, pendant le temps qu'ils sont sous leur surveillance.

Une remarque importante à faire, sur ces trois cas de responsabilité, c'est que le père et la mère et les tuteurs, ainsi que les instituteurs et les artisans peuvent s'y soustraire en prouvant qu'ils ont été dans l'impossibilité d'empêcher le fait, à raison duquel ils sont recherchés. La même faculté n'est pas accordée aux maîtres et aux commettants. La raison de cette différence est que ces derniers, agissant uniquement dans l'intérêt de leur bien-être, doivent s'imputer d'avoir pris à leur service, des gens de la moralité desquels ils n'étaient pas parfaitement sûrs ; les parents, au contraire, sont forcés de nourrir et d'élever leurs enfants ; et les instituteurs et artisans, en mettant leurs élèves ou apprentis à même d'exercer un état ou un métier, agissent dans l'intérêt général, et, par suite, méritent toute la faveur de la loi.

En dehors du Code civil, on trouve des cas de responsabilité : les aubergistes sont responsables des indemnités adjugées à ceux qui ont souffert quelque dommage, par suite d'un délit criminel commis par des personnes qu'ils ont logées pendant plus de vingt-quatre heures, sans avoir inscrit sur leurs registres, les noms, profession et domicile de ces personnes (art. 73 *Cod. pén.*).

Les communes sont aussi responsables des dommages causés sur leur territoire par des rassemblements ou attroupements armés ou non armés, composés ou non d'habitants du lieu. Néanmoins, si le dommage a été causé par des individus étrangers à la commune, celle-ci cesse d'être responsable, en justifiant qu'elle a employé tous les moyens qui étaient en son pouvoir, pour prévenir ou réprimer le désordre (*L. du* 16 *prairial an III, et du* 10 *vend. an IV*).

Enfin les art. 216 et 217 du Code de Commerce, 7 de la loi du 28 septembre, 6 octobre 1791, 206 du Code Forestier, 79 du décret du 15 novembre 1811, contiennent des exemples de responsabilité que nous ne faisons qu'indiquer.

L'action en indemnité qui peut être exercée contre les personnes que nous venons d'indiquer, ne dégage pas les auteurs mêmes du délit ou du quasi-délit. Ces derniers peuvent donc être poursuivis directement par la partie lésée, à moins que le fait, en raison de circonstances d'âge ou de démence, de force majeure, ou de cas fortuit, ne puisse leur être imputable. En pareil cas, l'auteur du fait ne peut non plus être recherché par voie de recours en garantie par les personnes responsables qui ont payé pour lui, tandis que, dans les cas ordinaires, ce recours doit avoir lieu, au moins en principe.

Enfin une dernière observation à faire sur la responsabilité, est que les dispositions de la loi qui l'établissent, reposant sur une présomption de faute, forment, par cela seul, autant d'exceptions au droit commun, et ne sont pas susceptibles d'être étendues à d'autres personnes, par analogie. Ainsi le mari n'est pas responsable du dommage causé par sa femme, sauf en certains cas (*L. du 28 septembre* — 6 *octobre* 1791, t. 2, art. 7; *Code Forest.*, 206; *L. du 15 avril* 1829, art. 74), où la loi, dans la supposition que la communauté a pu profiter du délit ou quasi-délit, décide autrement.

On répond civilement non seulement des personnes sur lesquelles on doit veiller, mais encore des animaux et des choses soumises à notre garde (art. 1384).

C'est d'après ce principe que le propriétaire d'un animal et celui qui s'en sert, pendant qu'il est à son usage, doit réparer le dommage causé par cet animal soit qu'il fût sous sa garde, soit qu'il se fût échappé (art. 1385). Il y alors présomption de faute contre le propriétaire, et le dommage peut être imputé soit à un défaut de garde ou de vigilance, soit à la témérité de celui qui s'est servi de l'animal. Cette présomption cède, sans aucun doute, à la preuve contraire. Ainsi, le maître serait admis à établir par exemple, que son bétail, trouvé dans les moissons, lui avait été volé, et qu'ensuite il avait été abandonné par les voleurs, ce qui le mettrait à l'abri de toute responsabilité.

De même, le propriétaire d'un bâtiment est (sauf son recours contre l'architecte ou l'entrepreneur, art. 1792 et 2270) responsable, envers les voisins et les passants, des dommages causés par la ruine de ce bâtiment, lorsqu'elle arrive soit par le vice de sa construction, soit par suite du défaut d'entretien (art. 1386). On n'est pas admis, comme en droit romain, à demander, dans cette circonstance, au propriétaire d'un bâtiment qui menace ruine, caution pour le dommage éventuel qui pourra résulter de sa chûte. Mais on peut forcer le propriétaire, par voie de police, à faire réparer ou démolir l'édifice.

Code Pén., livre II. (art. 59 a 74).

DES PERSONNES PUNISSABLES, EXCUSABLES OU RESPONSABLES POUR CRIMES ET POUR DÉLITS.

Quand le délit, perdant les proportions d'un fait simplement dommageable, est de nature à porter atteinte à l'ordre social et à compromettre la sécurité publique, c'est à la loi pénale qu'il appartient d'intervenir et de frapper l'auteur du délit.

Cependant, une condition essentielle à l'application de la peine est que l'auteur du fait incriminé ait agi librement et en connaissance de cause ; qu'il ait bien compris l'acte qu'il allait commettre et persisté dans son accomplissement, malgré des conséquences qu'il était en état de prévoir et d'apprécier ; autrement, s'il n'a eu ni l'intelligence de l'acte, ni la facilité de s'en abstenir, alors il y a bien un auteur, mais il n'y a plus de coupable, et le fait matériel, dépouillé de l'immoralité qui seule le rendait punissable, n'est plus qu'un malheur à déplorer. Il n'y a ni crime ni délit, dit l'art. 64 du Code P., lorsque le prévenu était en état de démence au temps de l'action, ou lorsqu'il a été contraint par une force à laquelle il n'a pu résister.

Ici il y a défaut absolu de culpabilité et par conséquent annihilation complète de la peine qui se règle sur elle et n'en est jamais que la conséquence. Mais ce principe, que le châtiment doit être proportionné au crime, ne s'arrêtera pas là, et la loi tiendra compte des circonstances, qui, sans ôter au fait toute sa culpabilité, auront au moins pour effet d'en restreindre la portée; c'est là la théorie des circonstances atténuantes et des excuses. C'est ainsi que, suivant les cas, elle adoucira la peine ou déclarera le fait excusable, ou enfin, dans l'impossibilité de saisir tous les détails, toutes les nuances différentes d'une même action, elle per mettra au tribunal d'apprécier ce qu'il y aura en général d'atténuant dans le fait qui lui est soumis, et d'en faire la déclaration au profit de l'accusé (65-463).

A la première hypothèse, celle qui suppose le défaut absolu de consentement, se rattache la question de savoir si certaines causes accidentelles, telles que l'ivresse, la monomanie, le somnambulisme, peuvent paralyser l'intelligence et la volonté, au point de se confondre avec la démence dont parle la loi. Il y a difficulté sur ce point, ainsi qu'au sujet de la contrainte : « résultat d'une force à laquelle il a été impossible de résister ».

Quelle est cette contrainte irrésistible qui enlèvera à l'acte matériel si dommageable, si sanglant qu'on puisse l'imaginer, tout caractère de criminalité? Point de doute, lorsqu'il s'agira d'une force physique immédiate, ou même d'une contrainte morale exercée sur vous, comme dans le cas de légitime défense (art. 327—328), soit par le sentiment même exagéré de conservation, comme lorsque vous sacrifiez la vie d'un tiers pour sauver la vôtre. Mais il en existe de très graves dans le cas de cette contrainte morale qui résulte de l'opposition du conflit de deux devoirs, tels que l'obéissance due passivement à un supérieur, et la règle tu ne tueras point. La solution de ces questions est impossible en théorie, car elle dépend uniquement des circonstances. Il faut s'en rapporter à la prudence du juge.

Dans la seconde hypothèse, se présente l'examen des différentes circonstances où d'après les circonstances il y a lieu, soit à mitiger la peine, soit à excuser, soit enfin à admettre l'existence de circonstances atténuantes, dont le système forme le complément de la loi dans cette matière.

La mitigation, l'adoucissement de la peine s'applique en raison de l'âge de l'accusé; la jeunesse d'une part, la vieillesse de l'autre, ont été considérées comme des motifs faciles à comprendre, du reste, d'atténuation

de la peine. Ainsi, si l'accusé a moins de seize ans, la loi suppose d'abord
qu'il n'avait pas le discernement nécessaire pour comprendre la portée de
l'action qu'il est convaincu d'avoir commise. La question de discerné-
ment doit donc être posée au préalable. S'il y est répondu négativement,
l'accusé est nécessairement acquitté ; seulement, suivant les circonstances,
l'accusé est remis à ses parents, ou bien il est conduit dans une maison
de correction, pour y être élevé pendant un temps plus ou moins long,
mais qui cependant ne pourra excéder l'époque où il aura atteint sa
vingtième année (art. 66 *Code Pén.*). Une observation importante relativement à cette mesure, c'est qu'elle n'est pas pénale, malgré son appa-
rence, d'où la conséquence qu'elle ne pourra donner à une condamnation
postérieure le caractère de la récidive (art. 56 *Code Pén.*). S'il est répondu affirmativement, alors on applique la peine, mais avec une notable
décroissance, ainsi qu'il résulte dès art. 67 et 69 du Code Pén. Le mineur de seize ans jouit aussi d'un autre privilége quand il n'a pas de complices présents d'un âge au-dessus du sien, et qu'il est prévenu de crimes
autres que ceux qui entraînent la mort, les travaux forcés à perpétuité,
la déportation et la détention; il n'est pas traduit devant la Cour d'assises,
ainsi que le demanderait la nature de son crime, mais seulement devant
les tribunaux correctionnels. On lui épargne la terrible solennité des
assises et le déshonneur d'une poursuite criminelle proprement dite, ainsi
que les lenteurs d'une procédure plus compliquée (art. 68 *ib.*).

En sens inverse du mineur de seize ans, le prévenu qui a atteint l'âge de
soixante-dix ans ne peut être frappé de la peine des travaux forcés à
perpétuité ou à temps, ni de la déportation. Ces peines sont remplacées,
à son égard, par la réclusion soit à perpétuité, soit à temps dans le
premier cas, et de la détention dans le second. Le condamné qui a atteint
cet âge en subissant la peine des travaux forcés, en est relevé et achève ce
qui lui reste dans une maison de force (*art.* 70, 71, 72 *ibi.*).

Tels sont les cas de mitigation de peine, passons maintenant aux
excuses.

L'excuse suppose, d'une part, la culpabilité, d'autre part des motifs d'atténuer la peine qui en résulte d'ordinaire. Sous le premier rapport, elle diffère donc totalement du cas où il y a absence totale de culpabilité (art. 64), quoique, sous le rapport de la peine, le résultat soit quelquefois le même. Ainsi quand une personne tue celui qui l'a provoqué par une violence grave (art. 321), quand le mari tue sa femme qu'il surprend en flagrant délit d'adultère (324), il y a fait coupable et punissable ; mais, en raison des circonstances, la peine ordinaire du meurtre est supprimée et changée en celle d'un simple emprisonnement (art. 326). Il est même des cas où il y a abolition complète de la peine (art. 114, 190, 138, 100, 108, 213). Ce n'est cependant pas une raison pour les confondre avec ceux de l'art. 64, ainsi que nous venons de le dire plus haut : il y aura toujours entre les uns et les autres cette différence que, dans le premier cas, celui de l'art. 64, il n'y aura ni crime ni délit, tandis que, dans le le second, le crime sera constant ; que, dans le premier 'cas, il y aura réponse négative du jury sur le fait principal, tandis que, dans le second, la réponse sera affirmative sur ce même fait, et que l'admission seule de l'excuse en changera les conséquences.

Les cas d'excuses sont prévus et spécialement déterminés par la loi, et l'art. 65 ne permet pas au juge d'en trouver d'autres hors de ceux sur lesquelles elle a porté son attention.

Cependant, il est bien des cas que la loi, dans sa généralité, n'a pu prévoir, et qui, diminuant notablement la culpabilité de l'agent, doivent influer sur la conscience du juge et le porter à l'indulgence. C'est à cette idée qu'est dû le système des circonstances atténuantes ; quand leur existence est reconnue par le jury ou par le tribunal correctionnel, il y a lieu de diminuer la peine dans les proportions que la loi indique ou même à changer la nature de cette peine (463 *C. P.*). Ces circonstances atténuantes sont donc des sortes d'excuses que le jury ou le tribunal correctionnel est autorisé à trouver dans l'affaire qui lui est soumise, en suivant uniquement les élans de sa conscience. Sous ce rapport, elles diffèrent déjà des excuses qui sont des faits légaux et déterminés; mais ce n'est pas là l'unique différence. En effet, quand il s'agit d'excuses, le jury est consulté sur la question de savoir si tel fait qui la constitue a eu lieu ; dans le cas de circonstances atténuantes, cette question n'est pas faite : on l'avertit seulement de la faculté qu'il a de les déclarer. En outre, l'excuse peut d'un crime au premier degré, faire un simple délit, et réduire la peine capitale à un emprisonnement ou même à une exemption complète; les circonstances atténuantes sont loin d'avoir un résultat aussi favorable; la peine, en aucun des cas, ne peut descendre au-delà de deux degrés.

Les auteurs du crime ou du délit ne sont pas les seuls susceptibles d'être punis. Si d'autres individus ont pris à l'acte coupable une part non pas directe, car alors ils seraient co-auteurs, co-délinquants, mais une part indirecte, ils sont considérés par la loi comme complices, et punis, en cette qualité, de la même peine que les auteurs principaux (art. 59). L'art. 60 énumère ceux qu'atteint cette disposition rigoureuse : « Seront punis comme complices, dit cet article, d'une action qualifiée » crime ou délit, ceux qui, par dons, promesses, menaces, abus d'auto-» rité ou de pouvoir, machinations ou artifices coupables, auront provo-» qué à cette action ou donné des instructions pour la commettre. Ceux » qui auront procuré des armes, des instruments ou tout autre moyen » qui aura servi à l'action, sachant qu'ils devaient y servir. Ceux qui » auront, avec connaissance, aidé ou assisté l'auteur ou les auteurs de » l'action dans les faits qui l'auront préparée ou facilitée, ou dans ceux » qui l'auront consommée ; sans préjudice des peines qui seront spécia-» lement portées par le présent Code contre les auteurs de complots ou » de provocations attentatoires à la sûreté intérieure ou extérieure de » l'État, même dans les cas où le crime qui était l'objet de conspirateurs » ou de provocateurs n'aurait pas été commis. » Il y a sur cet article plusieurs remarques à faire. D'abord, le fait d'avoir fourni des armes, des instruments, des moyens quelconques qui ont servi à l'action; le fait de l'avoir préparée ou facilitée, ne constituent une complicité, qu'autant que ce fait a eu lieu avec connaissance; qu'autant que les moyens d'exécution ont été fournis pour commettre l'action par quelqu'un sachant qu'ils devaient y servir. Une autre observation, c'est que, pour appliquer au complice les dispositions de l'art. 59, il faut qu'il y ait eu crime ou délit réellement commis. Il ne suffit donc pas que les dons, promesses, menaces aient eu lieu; il faut de plus qu'il y ait eu exécution. La preuve en est dans la disposition pénale de l'art. 60, qui, par la restriction qu'elle apporte, établit le principe. Enfin la complicité peut résulter non seulement d'actes antérieurs au crime et d'actes simultanés, mais, ce qui se conçoit plus difficilement, d'actes mêmes postérieurs au crime ou au délit.

L'exemple de cette dernière disposition a lieu notamment dans le cas de recel. Ainsi : « Ceux qui, connaissant la conduite criminelle de » malfaiteurs exerçant des brigandages ou des violences contre la sûreté » de l'État, la paix publique, les personnes ou les propriétés, leur four- » nisssent habituellement logement, lieu de retraite ou de réunion, seront » punis comme leurs complices (art. 61) ». Le fait d'habitude constitue, dans ce cas, comme une promesse tacite de recevoir les auteurs du méfait, de leur donner asile et retraite après que de nouveaux méfaits auront été commis. Il y a donc là véritable encouragement, aide et assistance, en un mot complicité parfaite. Mais l'article 62 va plus loin et étend cette complicité même au cas où une personne « aura recelé sciemment » en tout ou en partie, des choses enlevées, détournées ou obtenues à » l'aide d'un crime ou d'un délit. » Si on considère que le complice est puni de la même peine que l'auteur principal, cette assimilation de l'art. 61, surtout celle de l'art. 62, serait d'une telle rigueur, et, il faut le dire, si peu justifiée, que la loi a reculé devant son principe, sans se préoccuper des contradictions qu'elle apporte dans son système, et qui frappent à la lecture de l'art. 63.

Code d'Instruction Criminelle.

DISPOSITIONS PRÉLIMINAIRES.

(Art. 1 à 7.)

Quand un acte illicite est tout à la fois un fait dommageable et une infraction à la loi pénale, il donne lieu, comme nous l'avons dit, à deux actions, l'une civile pour la réparation du dommage, l'autre pénale ou publique, pour l'application de la peine. Ces deux actions, qui peuvent avoir une origine commune et marcher simultanément, diffèrent toutefois l'une de l'autre, sous plusieurs rapports que nous allons examiner successivement.

La première différence est relative à l'objet que chacune d'elles se propose. L'action publique tend à l'application de la peine, et cette application a pour but l'amendement du coupable et l'exemple au moyen duquel le législateur espère retenir les autres membres de la société dans le devoir. L'action civile, au contraire, tend uniquement à la réparation, à l'indemnité pécuniaire du dommage prouvé.

La seconde différence est dans la qualité des personnes auxquelles est attribué le droit d'exercer l'une ou l'autre action.

L'action publique appartient aux fonctionnaires auxquels elle est confiée par la loi. L'action civile peut être exercée par tous ceux qui ont souffert du dommage, et par leurs héritiers (*I. C.*, art. 1). Les fonctionnaires auxquels la loi confie l'exercice de l'action publique sont, quand il s'agit de crimes, les procureurs généraux et les procureurs du roi et leurs substituts (art. 253, 272, 288). En matière de délits, les procureurs du roi, leurs substituts et, dans le cas de délits forestiers, les agents de l'administration forestière (art. 182, 190, 202). Enfin, en matière de contravention, les juges de paix, les commissaires de police

6

maires et adjoints du maire, selon la nature du lieu et la gravité des con-
traventions. Il ne faut pas cependant conclure de là, que l'action doive
être portée devant les tribunaux criminels uniquement et toujours par
ces fonctionnaires. Cela est vrai quand il s'agit de crimes ; eux seuls, en
quelque matière que ce soit, peuvent conclure à l'application de la peine;
mais, dans le cas de délit et de contravention, l'action peut être portée
directement, par la partie civile, devant les tribunaux correctionnels ou
de police (art. 64, § 2, 145, 182).

La troisième différence est relative à la durée de l'action. L'action
publique, tendant à l'application d'une peine, ne peut frapper que le
coupable. Elle devient donc impuissante quand ce dernier vient à mourir. L'action civile, au contraire, ayant pour but unique la réparation
d'un préjudice, et tendant uniquement à l'acquittement d'une dette, peut
être exercée, en cas de mort du prévenu, contre les héritiers ou repré-
sentants (*I. C.*, art. 2). L'une et l'autre action s'éteignent par la prescription, et cette prescription paraît avoir la même durée pour l'une ou
l'autre action : c'est au reste une question des plus controversées.

La quatrième différence se rapporte aux règles de compétence établies
pour l'une et l'autre action. L'action publique ne peut être portée que
devant les tribunaux criminels, et ne peut être jugée que par eux. L'action
civile, au contraire, peut être portée indifféremment devant le tribunal
criminel ou le tribunal civil : dans le premier cas, il faut que la partie
civile se soit déclarée partie civile (art. 66 et 67), ou qu'elle ait formé
contre le prévenu, avant le jugement, une demande en dommages-intérêts ; dans le second cas, il faut faire une distinction :

Quand le jugement sur l'action publique a été déjà rendu par les tribunaux criminels, ou bien tant qu'il n'y a pas eu d'action intentée par
le ministère public, le tribunal civil saisi de l'action civile, en connaît
valablement ; mais, si, avant l'action civile intentée ou pendant le cours
de cette action, le ministère public forme son action pénale, l'instance

entamée, relativement à l'action civile, est nécessairement suspendue :
« Le criminel tient le civil en état ». Et, en effet, la même question de
culpabilité ne peut être débattue à la fois, devant un tribunal civil et
devant un tribunal criminel : ce n'est pas que le jugement porté par ce
dernier ne préjuge nécessairement la question civile, mais il serait à crain-
dre que, si l'action civile continuait à marcher, la décision rendue à son
sujet n'exerçât une grave influence morale sur le jugement de l'action
publique (art. 3, *I. C.*).

Voilà les différences entre l'action civile et l'action publique, desquelles
il résulte, que ces deux actions sont parfaitement indépendantes l'une de
l'autre ; que, de même que la partie lésée peut agir en réparation du
dommage, sans le secours du ministère public, de même, le ministère
public peut agir sans l'intervention de la partie lésée, et même, malgré
son silence ou la renonciation qu'elle aurait faite à une action déjà intentée ; la renonciation à l'action civile (art. 4) ne peut arrêter ni sus-
pendre l'exercice de l'action publique. Il existe cependant à cette règle,
des exceptions que nous mentionnerons plus bas, quand nous aurons, au
préalable, dit quelques mots de la plainte.

La plainte est la déclaration faite par la partie lésée aux personnes pu-
bliques chargées de la recevoir, de l'acte dont elle a souffert dans sa
personne ou dans ses biens (art. 48, 63, 64). Le droit de porter plainte
appartient soit au particulier personnellement lésé par le fait du crime
ou du délit, soit au mari à l'égard des crimes ou des délits dont sa femme
a été l'objet, soit au père à raison des crimes ou des délits dont son fils
mineur a été victime (*L. du* 29 *septembre* 1791). Dans cette même loi de
1791, la plainte était définie « l'action civile résultant du dommage causé
par le délit ». Cette définition était la conséquence du système, alors en
vigueur, par lequel toute partie plaignante qui ne s'était pas désistée
dans les vingt-quatre heures était, par là même, réputée se porter
partie civile. Mais, dans le Code actuel, la qualité de plaignant est tout-

à-fait distincte de la qualité de partie civile, Les plaignants, dit l'article 68, ne seront réputés partie civile, s'ils ne le déclarent formellement soit par la plainte, soit par acte subséquent, ou s'ils ne prennent, par l'un ou par l'autre, des conclusions en dommages-intérêts. L'action publique étant, comme nous l'avons dit, entièrement distincte et indépendante de l'action civile, il en résulte qu'elle peut être exercée sans que l'on soit obligé d'attendre la plainte de la partie lésée. Il est toutefois des exceptions à ce principe, que nous avons annoncées plus haut et dont on trouve des exemples dans les art. 7, Inst. C.; 336, 339, 357, 433, C. P.; 65 et 67, L. du 15 avril 1829.

Une autre observation, à propos de la plainte, est que son but n'est pas seulement de donner l'éveil à la justice ; autrement, une fois l'instruction commencée spontanément par le ministère public, elle deviendrait inutile. Elle sert à exprimer aussi, de la part du plaignant, la volonté de se porter partie civile et de réclamer des dommages-intérêts. Aussi la plainte interviendra-t-elle souvent, même après l'instruction commencée, à l'effet par le plaignant de déclarer qu'il entend se porter partie civile (63). Il est des cas cependant où la plainte n'est pas un préliminaire indispensable à la demande en dommages-intérêts. Ainsi, dans les matières de simple police et de police correctionnelle, la partie lésée peut se pourvoir directement comme partie civile par une citation et par des conclusions prises à l'audience, sans avoir préalablement porté plainte (art. 145, 147, 182, 183, I. C.) Mais, en matière de crimes proprement dits, il en est autrement, et la plainte, rédigée conformément aux art. 63 et suivants, doit précéder la demande en dommages-intérêts. Enfin, de ce que la plainte est distincte de la demande en indemnité, de ce que la qualité du plaignant est distincte de celle de la partie civile, il suit que le désistement autorisé par l'art. 66 ne porte que sur la qualité de partie civile et non sur celle de plaignant. En ce cas, la partie plaignante ne sera pas tenue des frais (68), mais elle restera exposée à la demande

en dommages-intérêts de la part de l'accusé, si celui-ci est acquitté (66).
Une conséquence de ce système est aussi que les vingt-quatre heures
dans lesquelles doit être fait le désistement courent à partir non de la
plainte, mais de la demande en indemnité, puisque c'est de celle-là seule
qu'il est permis de se désister.

En principe, la loi pénale punit tous les crimes commis sur le territoire
de la nation, sans distinguer si l'auteur de l'acte coupable est un national
ou un étranger. Les lois de police et de sûreté obligent tous ceux qui se
trouvent sur le territoire (art. 3, § 1, *C. C.*). Réciproquement la loi
pénale française ne devrait pas s'inquiéter des crimes commis à l'étranger
par un national, et devrait laisser à la loi étrangère, sur son territoire,
la même souveraineté qu'elle s'attribue sur le sol français. Telle est en
effet la règle à laquelle la loi apporte des exceptions commandées par les
plus graves considérations.

La première de ces exceptions est relative aux crimes attentatoires à la
sûreté de l'État, ainsi qu'aux crimes de contrefaçon des sceaux de l'État,
de monnaies nationales ayant cours, de billets de banques autorisés par
la loi, de papiers nationaux commis par un Français hors du territoire de
la France (art. 5, *I. C.*). Ces crimes, qui, par leur nature, attaquent
l'existence de la nation et la compromettent, peuvent être jugés et punis
d'après les dispositions de la loi française soit contradictoirement, en
obtenant l'extradition du coupable, soit par contumace, si l'extradition
n'est pas demandée ou est refusée. Il faut remarquer sous l'art. 5, qu'il
ne parle pas des délits, quoiqu'il y ait des délits attentatoires, comme les
crimes à la sûreté de l'État (*C. P.*, 82, § 3). Les délits ayant ce caractère, commis par les Français en pays étranger, sont donc, par le silence
de l'art. 5, mis en dehors de la compétence exceptionnelle qu'il détermine.
Si un étranger s'est rendu auteur ou complice des crimes que nous
venons de mentionner, il pourra tomber sous l'application de la loi française, s'il est arrêté en France ou si l'on obtient son extradition (art. 6,

I. C.). Mais il y aura cette différence avec le cas où le crime a été commis par un Français, que l'étranger ne peut être condamné par contumace ; en outre, cette expression de l'art. 6 *pourra* indique que la poursuite judiciaire est subordonnée à la volonté du gouvernement, qui aura la faculté de l'autoriser ou de l'interdire.

La seconde exception concerne le crime commis par un Français contre un autre Français, en pays étranger. Ici, il n'y a pas le même motif que dans l'exception précédente, où la nature du crime intéresse directement la matière et demande une répression plus énergique, que ne serait celle de la justice étrangère. Cependant, la disposition se justifie par la nationalité commune des parties, et, en outre, par cette considération, que si le coupable, rentrant en France impuni, ne pouvait être poursuivi par la victime ou sa famille, cette impunité ferait naître des abus énormes et des inimitiés qu'il importe d'éviter. Toutefois, en enlevant à la juridiction étrangère la connaissance d'un fait qui, en principe, devrait lui rester soumis, la loi française la respecte autant que possible, en n'intervenant qu'autant que la juridiction étrangère n'a pas agi. A cette condition viennent se joindre deux autres, qui sont : 1° que le Français poursuivi soit de retour en France; 2° que le Francais offensé ait rendu plainte contre lui (art. 7, *I. C.*).

POSITIONS.

I. Le mandat tacite existe dans notre droit, seulement, on ne peut admettre en principe que la gestion au vu et su du maître le constitue nécessairement.

II. Quand l'objet payé indûment est un immeuble, l'action en répétition peut être dirigée contre les tiers acquéreurs, même à titre onéreux.

III. L'adjudicataire qui a été évincé après avoir payé son prix aux créanciers du saisi, ne peut le répéter contre eux.

IV. Dans la répétition de ce qui a été payé sans être dû, quand on arrive à la preuve de l'erreur, il n'y a pas lieu de distinguer entre l'erreur de fait et l'erreur de droit.

V. Les circonstances agravantes, résultant d'une qualité toute personnelle à l'auteur principal, ne doivent pas s'appliquer au complice.

VI. Le désistement de la partie civile, aux termes de l'art. 66 du Code d'Inst. Crim., emporte abandon irrévocable du droit.

VII. L'action civile, résultant d'un crime, d'un délit ou d'une contravention, se prescrit par le même laps de temps que l'action publique.

Ch. DE SOYRES.

Imp. de Jules-Juteau et Cᵉ, rue Saint-Denis, 845.